# Le chi<

Illustré par Henri Galeron
Réalisé par Gallimard Jeunesse
et Pascale de Bourgoing

*A Sophie*

GALLIMARD/MES PREMIÈRES DÉCOUVERTES

Le chien
est un fidèle
compagnon
de l'homme.

Il lève la patte
souvent, pour marquer
son territoire.
Mais évite qu'il le fasse
n'importe où !

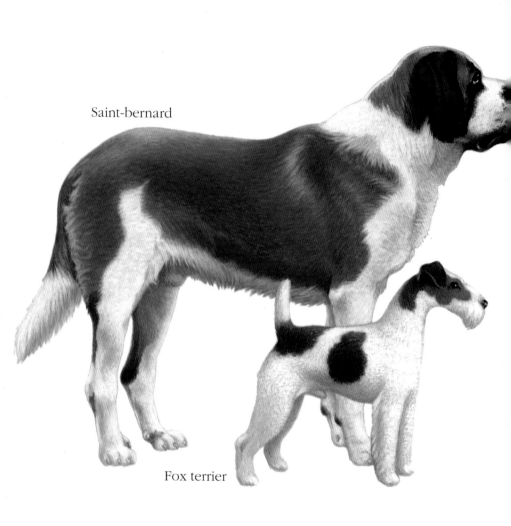

Saint-bernard

Fox terrier

As-tu déjà vu ces chiens ?

Danois

Teckel

Chihuahua

Ils sont de toutes les tailles.

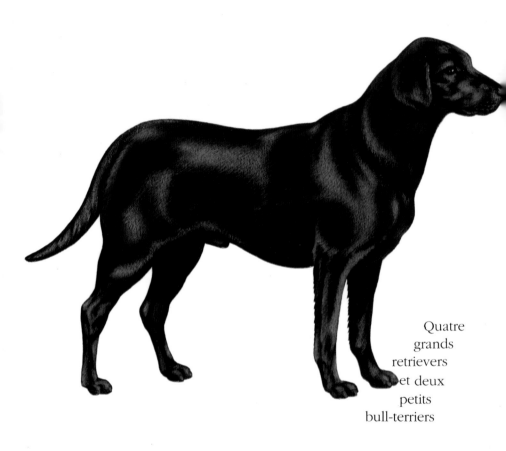

Quatre
grands
retrievers
et deux
petits
bull-terriers

Les chiens ont des poils, appelés robes...

Court,
long,
raide ou
bouclé,
à chacun
son pelage.

... de couleurs différentes.

Au bout de son museau plus ou moins long,
le chien a une truffe humide : c'est son nez.

Il sent les odeurs beaucoup mieux que toi,
son flair est excellent.

Une chienne peut avoir de quatre à dix chiots.
Elle les allaite pendant environ deux mois.

Ensuite,
le chiot mange
des aliments
à base
de viande :
il est carnivore.

Tu peux comprendre le chien
en observant bien ses attitudes.

Il dresse l'oreille
pour mieux écouter.

Il couche les oreilles
quand il a peur.

Il demande
des caresses.

Il veut jouer
avec toi.

Il se raidit de colère et retrousse les babines quand il va attaquer.

Au moindre sifflement,
il accourt...

Il suit son maître
ou l'animal qu'il chasse
en reconnaissant son odeur.

Souvent, il tire la langue
quand il a chaud : il halète.

# Le chien a des pattes puissantes.

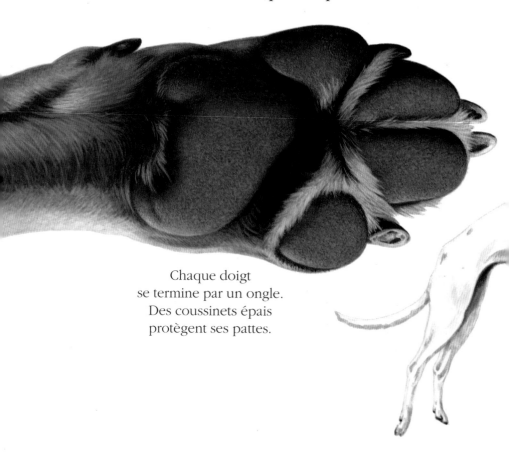

Chaque doigt
se termine par un ongle.
Des coussinets épais
protègent ses pattes.

Elles sont musclées et robustes.

Il adore courir.
Il peut bondir très haut.

Le chien a besoin
de dormir beaucoup.

Celui-ci est en train
de rêver.

Mais dans sa niche,
quand il garde la maison,
il ne dort souvent que d'un œil...

... et peut même
montrer les dents !

Connais-tu les chiens qui aident
les hommes ?

Le saint-bernard
porte secours
aux hommes
perdus dans
la montagne.

Le chien
d'aveugle
guide dans la rue
les personnes qui
ne voient pas.

Le chien de berger conduit les moutons
dans la montagne  et il les surveille.

Les chiens esquimaux forment un équipage
et tirent de lourds traîneaux.

1

2

3

Voici six cousins du chien :
sais-tu leur nom ?

4

5

6

1 Le loup  2 Le fennec  3 Le renard  4 Le chacal à dos noir  5 Le lycaon  6 La hyène rayée

Dans la même collection :

La pomme
L'œuf
La main et le pied
Le chat
Le temps
L'arbre
La couleur
La coccinelle
La carotte
Le bord de la mer
La terre et le ciel
Les petits malheurs
L'oiseau
L'automobile
L'eau
Le château fort
Sous la terre

ISBN : 2-07-035713-9
© Éditions Gallimard, 1990
Dépôt légal : Novembre 1990
Numéro d'édition : 48464
Imprimé en Italie
par Editoriale Libraria